WILLI GEIGER

Mißverständnisse um den Föderalismus

SCHRIFTENREIHE
DER JURISTISCHEN GESELLSCHAFT e.V. BERLIN

Heft 8

Berlin 1962

WALTER DE GRUYTER & CO.

vormals G. J. Göschen'sche Verlagshandlung · J. Guttentag, Verlagsbuchhandlung
Georg Reimer · Karl J. Trübner · Veit & Comp.

Mißverständnisse
um den Föderalismus

Von

Professor Dr. Willi Geiger
Senatspräsident am Bundesgerichtshof
Richter am Bundesverfassungsgericht

Vortrag
gehalten vor der
Berliner Juristischen Gesellschaft
am 24. Januar 1962

Berlin 1962

WALTER DE GRUYTER & CO.

vorm. G. J. Göschen'sche Verlagshandlung · J. Guttentag, Verlagsbuchhandlung
Georg Reimer · Karl J. Trübner · Veit & Comp.

Archiv-Nr. 27 27 62 1

Satz und Druck: Berliner Buchdruckerei „Union" GmbH, Berlin SW 61

I.

Die Föderalisten in der Bundesrepublik Deutschland haben es schwer! Einige in der Sache liegende Schwierigkeiten werden — wie ich hoffe — in diesem Referat einigermaßen klar hervortreten. Vielleicht gelingt es mir auch, eine andere Gruppe von Schwierigkeiten — ich meine eine Reihe von Mißverständnissen — ein wenig abzubauen, die unnötigerweise den Föderalismus belasten.

Das aber, was recht eigentlich gemeint ist, wenn ich sage, die Föderalisten in der Bundesrepublik haben es schwer, ist die — soll ich sagen — Unredlichkeit oder Voreingenommenheit, mit der man bei uns vielfach in der öffentlichen Diskussion dem Föderalismus begegnet. Man erfindet, um seine Polemik an den Mann bringen zu können, einen Popanz von Föderalismus! Mit dieser Art von Angriffen auf den Föderalismus kann man sich sachlich nicht auseinandersetzen. Man kann sie nur demaskieren. Um einige Beispiele aus der neuesten Zeit zu nennen: Da wird die Legende feilgeboten, der Föderalismus der Bundesrepublik sei ein Oktroy der Besatzungsmacht. Da muß der Föderalismus herhalten, als „Demontage der Verfassung", als „Rückfall in die Verhältnisse des sterbenden Heiligen Römischen Reiches Deutscher Nation", als „romantische Schwärmerei", als „Auflösung des Bundesstaats", als „bundesfeindlich" gedeutet zu werden. (Man spürt es förmlich, wie sie bedauern, daß es noch nicht wieder opportun ist, von den „Reichsfeinden" zu reden.) In der Diskussion um das sogen. Fernsehurteil hat man Äußerungen der Kritik vernehmen können, aus denen hervorging, daß der Kritiker überhaupt nicht gelesen hatte, worüber er sprach, um von den Zeugnissen einer erstaunlichen Voreingenommenheit erst gar nicht zu reden. Das gilt auch für jenen Teil der literarischen Äußerungen, die sich mit meinen Ausführungen in Mainz[1]) beschäftigt haben, ohne überhaupt zur Kenntnis zu nehmen, daß für mich das

---

[1]) Veröffentlicht in Adolf Süsterhenn, Föderalistische Ordnung, Rhenania Druck- und Verlags-G.m.b.H., Koblenz, 1961, S. 113 ff.

Verfassungsprinzip der Bundestreue, wie ein einfaches Nachlesen ergibt, ausschließlich der Festigung und Stärkung des Bundesstaates zu dienen bestimmt ist.

Nach dieser einleitenden Bemerkung werde ich es in diesem Vortrag vermeiden, meine Darlegungen durch Auseinandersetzungen mit anderen, von meiner Auffassung abweichenden Meinungen zu belasten; denn das läßt sich hier in angemessener Weise nicht leisten. Daß ich bei der Formulierung meines Vortrags die bestehenden Kontroversen im Auge behalten habe, wird man mir, wie ich hoffe, in diesem Kreis glauben. Im übrigen vermag jeder von sich aus die sachlichen Übereinstimmungen und Differenzen festzustellen, wenn er meine Ausführungen — und nicht das, was er dafür hält! — mit den anderen im Schrifttum vertretenen Auffassungen zu unserem Thema vergleicht.

II.

Das Thema läßt keinen Zweifel, daß ich eine v e r f a s s u n g s - r e c h t l i c h e Frage, und zwar eine Rechtsfrage u n s e r e r Verfassung untersuche. Es geht hier nicht um ein verfassungspolitisches Problem, nicht um ein Stück Gesellschaftslehre, noch weniger um eine politische Parteinahme.

Lassen Sie mich mit einer Bemerkung zu der von mir für richtig gehaltenen M e t h o d e d e r V e r f a s s u n g s i n t e r p r e - t a t i o n beginnen.

Eine Verfassung ist mehr als die Summe einer Vielzahl von Verfassungsbestimmungen. Sie ist eine innere Einheit, ein rundes Ganzes, ein geschlossenes System. Deshalb kann keine Bestimmung isoliert betrachtet und interpretiert werden. Sie muß im Gefüge dieser rechtlichen Einheit gesehen werden. Die Verfassung als Einheit wird unter anderem hergestellt durch übergreifende Strukturprinzipien, die in ihr ausdrücklich genannt sind (wie das Rechtsstaats- oder Sozialstaatsprinzip) oder in ihrer Systematik sichtbar gemacht sind (wie das Prinzip der Gewaltenteilung und das der Subsidiarität), und durch zentrale Wertentscheidungen, die ihr zugrunde liegen (beispielsweise die Grundentscheidung zugunsten der menschlichen Freiheit und Personwürde und die Grundentscheidung zugunsten der Demokratie). Föderalismus als Rechtsbegriff — „die Bundesrepublik ist ein Bundesstaat" — ist solch ein unsere Gesamtverfassung bestimmendes Prinzip. Als Rechtsprinzip ist es nicht weniger rechtsverbindlich als irgend eine konkretere Verfassungsbestimmung. Sein Rang gebietet, es nicht weniger ernst und genau zu nehmen als die anderen Verfassungsprinzipien, als beispielsweise das Rechtsstaatsprinzip, das demokratische Prinzip oder das Prinzip der Freiheit.

Die Interpretation einer Verfassungsvorschrift darf allerdings nicht absehen von ihrer e f f e k t i v e n Bedeutung und Wirksamkeit, also von der Rolle, die sie in der V e r f a s s u n g s w i r k - l i c h k e i t spielt. Keine Verfassung ist Theorie, die im luftleeren Raum schwebt; sie ist immer auf konkrete politische Realitäten bezogen.

Das heißt nun nicht, daß es dem Interpreten der Verfassung erlaubt wäre, s e i n e politischen Vorstellungen in seine Auslegung der Verfassung einfließen zu lassen. Interpretation der Verfassung im Blick auf die Verfassungswirklichkeit bedeutet auch nicht, daß es statthaft wäre, ununterschieden die p o l i t i s c h e Betrachtung einer Rechtslage, einer Rechtseinrichtung, eines Rechtsprinzips mit der r e c h t l i c h e n Bewertung eben dieser Rechtslage, dieser Rechtseinrichtung oder dieses Rechtsprinzips zu vermengen.

Was ich meine, läßt sich an zwei Beispielen illustrieren:

Carl Schmitt hat 1930 in einem Vortrag über Hugo Preuß bemerkt, daß verfassungsrechtliche Begriffe regelmäßig zugleich politische Begriffe sind und insofern einen polemischen Sinngehalt haben, der sich erst in der Spannung zum politischen Gegenbegriff enthülle. Genau so verhält es sich mit der Polarität von föderalistischem und unitarischem Prinzip. Hat sich die Verfassung für den Föderalismus entschieden, dann findet sich offensichtlich bei der Interpretation dieser Verfassung der Föderalist und der Unitarist je in einer verschiedenen Lage: Der eine interpretiert etwas von ihm innerlich Bejahtes, der andere wird sich dem Gegenstand seiner Interpretation nähern, in dem Bemühen, seinen Grundvorstellungen innerhalb dieser Verfassung noch Raum zu schaffen. Ganz entsprechendes gilt, wo der Föderalist und der Unitarist, wie beispielsweise in der Weimarer Zeit, vor der Interpretation einer mehr unitarischen Verfassung stehen. Übrigens kann diese Differenz in der Intimität oder Aversion gegenüber dem Gegenstand der Interpretation eine noch massivere Rolle spielen, wenn es sich bei dem Interpreten gleichzeitig um die Verteidigung oder den Ausbau eigener Machtposition, beispielsweise der eigenen Zentralbürokratie handelt. Ohne Rückgriff auf diese in der rechtswissenschaftlichen Auseinandersetzung regelmäßig unausgesprochen bleibende Lage läßt sich die teilweise auffallende Leidenschaftlichkeit der juristischen Diskussion um und über den Föderalismus überhaupt nicht verstehen.

Und das andere Beispiel: Es ist nichts dagegen einzuwenden, wenn die p o l i t i s c h e n   W i s s e n s c h a f t e n das politische Gewicht und die Kraft der Länder einerseits und des Bundes andererseits, insbesondere die Auswirkungen der Kompetenzabgrenzungen, die Wirtschafts- und Finanzkraft der Länder und des Bundes usw. in unserem Bundesstaat untersuchen und — ich unterstelle einmal — zu dem Schluß kommen, daß unser Föderalismus auf schwachen Füßen steht. Das ist gewiß auch für den Verfassungsjuristen höchst interessant, aber es ist k e i n e   j u r i s t i s c h e Argumentation zur Bestimmung dessen, was verfassungsrechtlich der Rechtsgrundsatz der bundesstaatlichen Ordnung in unserem Grundgesetz bedeutet. Andererseits wäre es eine zwar juristische, aber — wie ich meine — methodisch unrichtige Argumentation, abstrakt-theoretisch zu deduzieren: Die Grundlage des Bundesstaats (das Grundgesetz) lasse sich unter Beachtung der verfassungsmäßig vorgesehenen besonderen Form jederzeit ändern, auch soweit die Existenz und die Kompetenzen der Länder betroffen werden; der Bund verfüge über die Institution der Bundesaufsicht, des Bundeszwangs, er garantiere die verfassungsmäßige Ordnung in den Ländern und habe noch einige weitere rechtliche Handhaben, auf die Länder einzuwirken; daraus folge, daß die Länder rechtlich völlig vom Bund abhängen. Das Bild sieht offenbar wesentlich anders aus, wenn man zunächst die B e - g r e n z t h e i t der rechtlichen Möglichkeiten einer Einflußnahme des Bundes auf die Länder in Betracht zieht, und wenn man sodann die Praktikabilität, den Mechanismus des Ingangsetzens und Gebrauchmachens von den Institutionen der Bundesaufsicht und des Bundeszwangs oder einer Verfassungsänderung, die die Existenz und die Kompetenzen der Länder betrifft, wenn man mit anderen Worten die effektive Bedeutung dieser — begrenzten — rechtlichen Möglichkeiten berücksichtigt. Jene abstrakt-theoretische Argumentation, die freilich zur sogen. Kompetenz-Kompetenz des Bundes führt, geht an der Verfassungswirklichkeit vorbei und verfehlt deshalb schon im Ansatz eine zutreffende Interpretation des föderativen Prinzips.

Überdies kommt eine förderliche Diskussion über unseren Punkt nur zustande, wenn man den jeweiligen Ausgangspunkt in der eigenen Argumentation klarlegt: Die bundesstaatliche Ordnung unseres Grundgesetzes kann man betrachten unter dem Gesichtspunkt, welcher Änderungen sie fähig und zugänglich ist und wie sie sich darstellt im Blick auf danach mögliche künftige Entwicklungen, die sich im Wege einer Verfassungsänderung vollziehen; n a c h einer solchen Verfassungsänderung ist es aber nicht mehr die gegenwärtige bundesstaatliche Ordnung des Grundgesetzes, sondern die bundesstaatliche Ordnung einer anderen Verfassung, eines geänderten Grundgesetzes. I c h spreche von der bundesstaatlichen Ordnung, von dem föderativen Prinzip unseres Grundgesetzes in seiner gegenwärtigen Gestalt; daß sie in Punkto föderalistischem Prinzip substantiell geändert werden könnte, liegt außerhalb jeder Wahrscheinlichkeit. Darauf werde ich noch einmal zurückkommen.

III.

Die Bundesrepublik Deutschland ist ein B u n d e s s t a a t. Hier beginnen schon die Meinungsverschiedenheiten. Natürlich kann man angesichts der Präambel und des Art. 23 der Verfassung nicht ernsthaft bestreiten, daß es sich um einen in Länder gegliederten Staat handelt. Auch das läßt sich heute schwerlich bestreiten, daß die Länder Gliedstaaten sind, also eigene, nicht vom Bund abgeleitete, sondern von ihm anzuerkennende Staatsgewalt, originäre Hoheitsmacht besitzen. Aber man versucht diese wesentliche Eigenschaft der Glieder des Bundesstaats dadurch abzuwerten, daß man von Ländern spricht, die „nur" in einem formellen Sinne Staaten seien, die sich materiell in nichts von höchstpotenzierten Gebietskörperschaften, von Provinzen unterscheiden; oder — um den neuesten Formulierungsversuch wiederzugeben: Diese Länder

seien „Staaten an der Grenze der Staatlichkeit". Das alles sind —
nur wenig verhüllt — Versuche, den Bundesstaat aus seinem natürlichen Gleichgewicht zu werfen. Sie stehen auf derselben Stufe
wie der Vorwurf, die Betonung der Eigenstaatlichkeit der Länder
schwäche den Bundesstaat und rücke ihn in die Nähe des Staatenbundes.

Demgegenüber muß daran festgehalten werden, daß der Bundesstaat ebenso weit vom Einheitsstaat wie vom Staatenbund Ab-
stand hält. Zum Bundesstaat gehört gewiß die Staatsqualität der
durch die Zusammenfassung der Länder entstandenen Einheit,
die Staatsqualität des Gesamtstaates. Aber ebenso
sicher ist, daß der Bundesstaat überhaupt nicht gedacht werden kann
ohne Glieder, die ihrerseits echte Staaten sind. Und zu diesem Staat-Sein der Glieder gehört nicht nur, daß sie rechtstheore-
tisch eigene Staatsgewalt, eigenes Staatsgebiet, eigenes Staatsvolk besitzen, sondern auch, daß sie eigenes Staatsgefühl entwik-
keln und pflegen; es muß Raum sein, rechtlich zugemessener und
den Ländern vorbehaltener Raum, nicht nur zu bekennen, sondern
zu betätigen und zu verwirklichen einen bayerischen Stolz auf die
eigene Geschichte und Tradition und Leistung, Betätigungsraum
für den hanseatischen hohen Mut und Geist Hamburgs, Betätigungsraum für die niedersächsische Art und Eigenständigkeit, Betätigungsraum für die historische Bedeutung und einmalige Aufgabe und Leistung des Bundeslandes Berlin usw. Zum Staat-Sein
der Länder gehört, daß sie, die Länder, die ihnen gemäße Form
ihrer verfassungsrechtlichen Verhältnisse selbst finden, daß sie
Landespolitik treiben, daß sie aus eigener Kraft und Entschließung
ihre Wirtschaft fördern, für eine gesunde Finanzpolitik sor-
gen, ihre Aufgaben im Bereich der Erziehung, der Kultur, der öffentlichen Ordnung und der Justiz erfüllen.

Der Bundesstaat lebt davon, daß seine Glieder gesund sind, daß sie
kraftvoll als Staaten das Ihre tun, — selbständig, aus eigener Verantwortung, in selbstgewählter Weise und in Aktionen, die der
eigenen Initiative entspringen. Nur wenn man das alles eliminiert
oder für überflüssig hält, entsteht das Bild und die Vorstellung,
daß der Bundesstaat eine unrationelle Spielart eines gegliederten
Staatswesens ist, das moderner, straffer und den politischen und
gesellschaftlichen Anforderungen der Gegenwart angemessener,

eigentlich als dezentralisierter Staat gedacht, gedeutet und aufgebaut werden sollte. Mir scheint, es ist zwar ein beliebtes, aber keineswegs seriöses Unterfangen, in der Diskussion zuerst das Eigenleben, die Funktion, die Aufgaben der Gliedstaaten auf ein Minimum zu reduzieren und damit ihre Staatsqualität in Frage zu stellen, um dann für einen Bundesstaat zu plädieren, in dem die Länder eine quantité negligeable bilden. Das schlägt sich dann nieder in den nicht nur juristisch, sondern auch politisch gemeinten Formeln von der Abhängigkeit der Länder vom Bund, von der potentiell unbeschränkten Unterworfenheit der Länder unter den Bund usw.

Das ist die eine Seite. Die andere Seite ist, daß aus diesen Gliedstaaten der Bundesstaat, der Gesamtstaat besteht. Er, der Bundesstaat — ich wiederhole — wäre überhaupt nicht, wenn es die Gliedstaaten nicht gäbe. Er ist die umfassendere staatsrechtliche Einheit; in diesem Sinne ist er der gegenüber den Ländern, den Gliedstaaten höhere Staat, — Staat mit allen Attributen, die dieser Institution im Recht und in der politischen Wirklichkeit zukommen. Dieser Bundesstaat ist als Gesamtstaat der rechtliche Ausdruck der nationalen Einheit. Dieselben Menschen, die als Bayern, Niedersachsen usw. Volk der Gliedstaaten sind, sind in ihrer Gesamtheit, übrigens mit den Deutschen im unfreien Teil Deutschlands, — geeint durch dieselbe Sprache, durch eine übergreifende gesamtdeutsche Kultur, durch ein gemeinsames politisches Schicksal — als Nation der Deutschen das Staatsvolk des Gesamtstaates Bundesrepublik Deutschland. Dieser Bundesstaat ist das staatsrechtlich formierte deutsche Volk; seine Staatsgewalt geht — unbeschadet ihrer Rückführung auf einen letzten Ursprung — vom Deutschen Volk aus. Dieser Gesamtstaat vertritt das nationale Interesse; seine Aufgabe liegt in der Wahrnehmung des Gemeinwohls des in ihm lebenden deutschen Volkes; seine Funktion ist, das die Länder übergreifende Gemeinsame rechtlich faßbar und politisch realisierbar zu machen. Der Bundesstaat als Gesamtstaat hat also ebenso wie die Länder, seine Glieder, notwendige eigene Zuständigkeiten, eigene Macht, eigene Verantwortung, eigene — gesamtdeutsche — Aufgaben. Es ist einfach ein den Föderalisten gegenüber ungerechtfertigter Verdacht, zu fragen, wo denn bei ihnen der Bund, der Gesamtstaat mit seinen Rechten bleibe, zu fragen mit dem Unterton, die Föderalisten könnten das bezweifeln, ob denn der Bundestag und die Bundesregierung oder der Bundespräsident noch für das gemeinsame politische Schicksal, für die Nation eintreten, handeln und sprechen dürften.

Bundesstaat verlangt Anerkennung der staatlichen Einheit der Nation u n d Anerkennung der staatlichen Eigenständigkeit seiner Glieder, der Länder. Bundesstaat ist die rechtlich geordnete politische Lebensform eines Volkes, die Raum läßt für das rechtlich gefaßte politische und gesellschaftliche Leben in eigenständigen Gliedstaaten. Bundesstaat ist der Staat, der aus der Einheit und Kraft des Gesamtstaats u n d aus der Kraft seiner Gliedstaaten lebt.

IV.

Der Bundesstaat ist eine k o m p l i z i e r t e r e Institution als der Einheitsstaat oder der Staatenbund. Das erschwert seine sachgerechte Erfassung, die zutreffende Bestimmung seiner inneren rechtlichen Ordnung, seine Organisierung und die Bewahrung der einmal für ihn gefundenen Organisation und leistet der Versuchung Vorschub, die Dinge in einer unzulässigen Weise zu vereinfachen, insbesondere das Verhältnis des Bundes zu den Ländern auf eine „einfache Formel" zu bringen.

Ein aus Staaten gebildeter Staat muß notwendigerweise diese Mehrheit von Staaten in seiner Verfassung zueinander in Beziehung setzen. Unbeschadet vielfach möglicher Varianten im Detail, unbeschadet auch der Möglichkeit, zwei Grundtypen bundesstaatlichen Aufbaues — den nordamerikanischen Typ der durchgängig vertikalen Teilung von Bundesgewalt und Staatengewalt im Bundesstaat und den deutschen Typ, der eine komplizierte Verschränkung und Verzahnung der beiden Gewalten entwickelt hat — zu unterscheiden, ist in jeder bundesstaatlichen Ordnung prinzipiell d r e i e r l e i nötig: 1. Eine Verteilung der Zuständigkeiten zwischen dem Bund und den Ländern, 2. die Schaffung von Institutionen zur Überwindung von konkret-aktuellen Spannungen und Konflikten, politischen Divergenzen zwischen dem Bund und seinen Gliedern oder zwischen den Gliedern, also die Institutionen zur Überwindung von Krisensituationen des Bundesstaats, und

3. — und dieses Dritte ist von besonderer Bedeutung! — die Etablierung von Einrichtungen mit dem Ziel einer ununterbrochen
wirksamen Koordinierung des politischen Willens im Bund und
in den Ländern, mit dem Ziel der dauernden Zusammenarbeit, der
wechselseitigen Verständigung, der gegenseitigen Rücksichtnahme
und Unterstützung zwischen Bund und Ländern. Das ist kein
Bundesstaat, in dem die politische Wirklichkeit reduziert wird auf
die Respektierung der Zuständigkeitsgrenzen und auf eine Grund-
regel der angeblichen Über- und Unterordnung von Bund und
Ländern! So läßt sich der Bundesstaat auch rechtlich nicht fassen.
Zu ihm gehört w e s e n t l i c h das aufeinander Angewiesensein
von Bund und Ländern, gehört wesentlich das wechselseitig von-
einander Abhängigsein, gehört, daß nicht nur der Bund auf die
Länder einwirkt, sondern auch umgekehrt die Länder auf den
Bund einwirken, gehört am Ende, daß es im Bundesstaat wohlver-
standene gemeinsame Interessen des Bundes und der Länder gibt;
daß es aber auch nicht nur Zumutungen der Länder an den
Bund, sondern auch ein berechtigtes Aufbegehren der Länder gegen Zumutungen des Bundes gibt.

Mir liegt daran, an dieser Z e n t r a l f r a g e des Bundesstaats,
am Verhältnis von Bund und Ländern, klarzumachen, wie die
öffentliche Diskussion, auch die verfassungsrechtliche Diskussion
zu einem nicht geringen Teil daran krankt, daß man sich mit zu
einfachen Formeln begnügt und gewisse Schlußfolgerungen und
Vorstellungen vorschnell als selbstverständlich und erschöpfend
betrachtet. Nichts gegen den Wert jener Formeln und nichts gegen
die Vernünftigkeit jener Schlußfolgerungen und Vorstellungen am
g e h ö r i g e n O r t! Wohl aber ein entschiedenes Nein zu jeder
Verabsolutierung e i n e s rechtlichen Gesichtspunktes zum Zwecke
der Bestimmung unserer verfassungsrechtlichen Ordnung, soweit
sie das Verhältnis Bund—Länder betrifft.

1. Der Staat als R e c h t s p e r s o n des Staatsrechts ist bei uns
genau 125 Jahre alt. Aber diese so spät gewonnene Erkenntnis
und gewiß höchst wichtige Aussage über den Staat ist doch keine
rechtliche Definition des Staates; und die Tatsache, daß der Bundesstaat sowohl als auch die Gliedstaaten juristische Personen
sind, gibt ja wohl nichts für die Bestimmung dessen her, was das
Eigentümliche und Wesentliche des Bundesstaates ist! Nicht die

Unterscheidung von rechtlich selbständigen Rechtsträgern (Bund
und die verschiedenen Länder) im Bundesstaat ist für seine Erfassung interessant, sondern das Ineinander zweier Staatsgewalten
auf einem und demselben Gebiet und über ein und dieselben Menschen, das Sich-Vertragen-Müssen dieser beiden Gewalten, mehr
noch: Die Erscheinung, daß diese beiden Gewalten von dem Be-
troffenen, dem Bürger, als Einheit erlebt wird, ähnlich wie er sich
selbst, — Bayer und Bundesdeutscher, Niedersachse und Bundesdeutscher zugleich — als Einheit erlebt und versteht. So ganz ohne
organische Staatslehre geht es halt gerade bei der Erfassung des
Bundesstaates nicht!

Immerhin: Wer bei der Betrachtung des Bundesstaates davon
ausgeht, daß der Staat — jeder Staat! — Rechtsperson des Staatsrechts ist, muß, genau wie im Gesellschaftsrecht, darauf stoßen
und darauf achten, daß es 1. kein Aufgehen einer Mehrheit von
Rechtspersonen in einer einzigen umfassenden Rechtsperson geben
kann, und daß es 2. sowohl das Problem einer Bindung der Glieder
an und durch die umfassende Rechtsperson als auch das Problem
des Gegeneinander von Gliedern und Gesamtstaat geben muß.

2. Wir sprechen, um die Wirklichkeit der Verfassung des Bundesstaates anschaulich zu machen, besonders gerne in Bildern: Da
ist von den „Verfassungsräumen" des Bundes und der Länder die
Rede, von den verschiedenen „Ebenen" — kommunale Ebene,
Landesebene, Bundesebene — und natürlich von dem „zwei- oder
mehrstufigen Aufbau" des Bundesstaats; und das hat uns ganz un-
bemerkt schließlich den dreistufigen oder auch dreigliedrigen Bundesstaats b e g r i f f beschert. Ich kann mich des Eindrucks nicht er-
wehren, daß die Freude an den Bildern und an den Worten teilweise die Rechtsvorstellungen beeinflußt hat und teilweise
sogar den Ansatz für eine billige Polemik liefert. Dazu gehört
beispielsweise die einem Teil der Föderalisten unterschobene Be-
hauptung, sie konstruierten den Bundesstaat nach dem Hexen-
einmaleins, nach der Formel: Bund ist eine von der Gesamtheit
der Länder verschiedene Größe wie die Größe Land, so daß der
Bundesstaat nicht aus der Zahl der Länder, sondern aus der Zahl
der Länder plus eins, nämlich dem Bund (Zentralstaat), bestehe.

Gleichwohl: Wer sich dem Bundesstaat nähert unter dem Bild
der verschiedenen Räume, Ebenen, Stufen, wird nicht umhin kön-

nen, sich diese verschiedenen „Einheiten" eingeordnet in ein umgreifendes, größeres Ganzes vorzustellen.

3. Bund und Länder haben natürlich eine verschiedene Ausdehnung, wenn man sie als politische Realität begreift, die rechtlich bestimmt wird durch Staatsgrenzen, Staatsvolk und darüber wirksame Herrschaft. Von den so verstandenen Ländern des Bundesstaates kann man zusätzlich auch angeben, daß sie nebeneinander liegen. Dagegen gibt es offenbar keine entsprechende „Lage" des Bundes im Verhältnis zu seinen Ländern, weder ein Neben noch ein Über den Ländern. Der Bund umfaßt die Länder, besteht aus den Ländern; er ist einfach die größere Einheit.

4. Man kann auch Bund und Ländern je verschiedene Aufgaben, eine eigene Verwaltungsapparatur mit sachlichen und persönlichen Mitteln zurechnen und das Ganze je als ein geschlossen funktionierendes System beschreiben; dazu gehören dann je eine Vielzahl von Organen und ein reales Substrat. Bund und Länder — so betrachtet — ergänzen sich gegenseitig, teilen sich in die Herrschaft über dasselbe Gebiet und über dieselben Menschen. Insbes. ist aber bei dieser Betrachtung der Bundesstaat die Einheit, die jene beiden sich ergänzenden Teile Bund und Länder umgreift, überwölbt, zusammenschließt.

5. Sieht man von solchen „Einzelgesichtspunkten", unter denen man den Bundesstaat betrachten kann, ab, läßt sich von folgender allgemeinen theoretischen Überlegung ausgehen: Um das Nebeneinander und Miteinander der verschiedenen Staaten im Bundesstaat zu stabilisieren und ein Durcheinander und Gegeneinander zu verhindern, bedarf es der rechtlichen Ordnung. Die rechtliche Erfassung des Bund-Länder-Verhältnisses im Bundesstaat ist also ein Problem der i n n e r e n O r d n u n g eben dieser Einheit, die nicht — jedenfalls nicht allein oder vorzugsweise — vom Räumlichen, vom Gegenständlichen, von „realen Substraten" her gewonnen werden kann; es handelt sich einfach um Rechtsbeziehungen, um Schöpfungen des Rechts. In diesem Bereich gibt es zwar eine innere Logik und Systematik der konkreten rechtlichen Ordnung, aber keine rechtswissenschaftliche Theorie, der sich die konkrete rechtliche Ordnung fügen müßte. Man sollte deshalb aufhören, von der Theorie des zweistufigen oder zwei-

gliedrigen Bundesstaates oder von der Theorie des dreistufigen oder dreigliedrigen Bundesstaates zu sprechen, und statt dessen sich bemühen, die Rechtsbeziehungen möglichst klar zu entwickeln, die mit dem Bund-Länder-Verhältnis in der konkreten Verfassungsordnung gegeben sind:

Im Bundesstaat müssen die Aufgaben und Zuständigkeiten zwischen Bund und Ländern, zwischen dem Gesamtstaat und den Gliedstaaten aufgeteilt werden, d. h. die Staatsgewalt kann sich hier und dort nur begrenzt auf bestimmte Gegenstände (Sachbereiche) äußern. Unter diesem Gesichtspunkt macht erst die Summe dieser aufgeteilten Zuständigkeiten und Aufgaben den Gesamtbereich aus, dessen sich im Einheitsstaat die e i n e Staatsgewalt bemächtigt. Unter diesem Betracht — und nie anders ist das in der föderalistischen Literatur gemeint gewesen! — gehören zum Bundesstaat, zum „Ganzen", nicht nur der Bund mit seinen Einrichtungen und Organen und seinen Aufgaben und Kompetenzen samt den ihm danach zukommenden und obliegenden hoheitlichen Äußerungen und Maßnahmen, sondern auch die Gliedstaaten mit ihren Einrichtungen und Organen und ihren Aufgaben und Kompetenzen samt den ihnen danach zukommenden und obliegenden hoheitlichen Äußerungen und Maßnahmen. So lange sich Bund und Länder innerhalb ihrer Kompetenzen halten — und dieser Fall steht als Regel so stark im Vordergrund, daß von jener bundesstaatlichen Ganzheit und Einheit wenig die Rede ist —, genügt es einfach, von den Aufgaben und Verantwortungen des Gesamtstaates, „Oberstaates", der Bundesrepublik einerseits und andererseits von den Aufgaben und Verantwortungen der Gliedstaaten, der Länder, zu sprechen. Der Bundestag, die Bundesregierung handelt in dem Rahmen ihrer Kompetenzen für den Gesamtstaat, die Landesparlamente und Landesregierungen handeln für den Gliedstaat. Daran will, soweit ich sehen kann, kein Föderalist rütteln.

Innerhalb d i e s e s Gedankengangs wäre es andererseits offenbar falsch, die Länder gleichsam zweimal erscheinen zu lassen: nicht nur als Träger der ihnen im Grundgesetz vorbehaltenen Kompetenzen, sondern auch als Glieder des Bundes, dem das Grundgesetz ebenfalls Kompetenzen zugewiesen hat; oder umgekehrt den Oberstaat so zu fassen, daß er einmal Träger der Bundeszuständigkeiten ist und daß e r das andere Mal in seinen Gliedern Landeszuständigkeiten wahrnimmt. — Aber nichtsdestoweniger: Innerhalb dieses Gedankengangs ist doch unbezweifelbar nötig, die Einheit zwischen Oberstaat und Gliedstaaten dadurch herzustellen, daß man in der Bundesverfassung das beide „Teile" zusammenbindende Band erblickt und die so hergestellte Einheit als etwas, was erst durch Zusammenfassung von Bund und Ländern entsteht, begreift.

Fraglos gehören zu den Kompetenzen des Gesamtstaats auch die Befugnisse, die die Verfassung seinen Organen einräumt, um die bundesstaatliche Verfassung im Falle der Störung der verfassungsmäßigen Ordnung zu bewahren, zu schützen und wiederherzustellen (Art. 28 Abs. 3, 37, 84, 91 GG).

Das ist aber nicht alles, was in diesem Zusammenhang über das Bund-Länder-Verhältnis zu sagen ist. Zunächst kann der Konflikt zwischen dem Bund und den Ländern nicht nur durch ein Land oder durch die Länder heraufbeschworen sein, sondern auch vom Bund; nicht nur aus den Ländern heraus, sondern auch vom Bund her kann die verfassungsmäßige Ordnung gestört werden. Und dann stellt sich umgekehrt die Frage, wie steht es mit der Verantwortung, mit dem Beruf, mit der Kompetenz der Länder, für die Wiederherstellung der verfassungsrechtlichen Ordnung einzutreten. Diese Frage ist nicht damit abzutun, daß man sagt, es gibt für die Länder keine dem Art. 28 Abs. 3 GG entsprechende Verfassungsvorschrift. Man ist bei uns auch nicht darauf angewiesen, nur aus dem föderalistischen Prinzip heraus diese Verantwortung und Kompetenz zu entwickeln, obwohl es einleuchten sollte, daß erst das Einstehen, Mitgarantieren und Mitsorgen der Gliedstaaten für die Aufrechterhaltung der bundesstaatlichen Ordnung den Bundesstaat kraftvoll und stark macht. Denn es ist doch nicht zu übersehen, daß für einen wichtigen Teil der möglicherweise vom Bund ausgehenden Störungen der verfassungsrechtlichen Ordnung den Ländern ausdrücklich die Kompetenz eingeräumt ist, das Bundesverfassungsgericht anzurufen! Und in Art. 91 Abs. 1 GG steht ausdrücklich: „Zur Abwehr einer drohenden Gefahr für den Bestand oder die freiheitlich demokratische Grundordnung d e s B u n d e s ... kann ein L a n d die Polizeikräfte anderer Länder anfordern!"

Vor allem aber darf nicht vernachlässigt werden, daß es im Bundesstaat neben dem Problem der Verteilung der Kompetenzen mit der Folge, daß der Gesamtstaat und die Gliedstaaten je eigene selbständige Aufgaben und Verantwortungen zu tragen haben, und neben dem Problem des Einstehens und der Machtmittel für die Aufrechterhaltung der verfassungsmäßigen Ordnung noch das spezifische Problem des bundesstaatsinternen Bund-Länder-Verhältnisses gibt: die Meinungsverschiedenheiten, die Auseinandersetzungen, das Ringen um die g l i e d s c h a f t l i c h e S t e l l u n g d e r L ä n d e r i m B u n d e s s t a a t. Hier stehen sich — notwendigerweise — Bund und Länder g e g e n ü b e r. Der aus den Ländern bestehende Bundesstaat setzt sich in sich auseinander. Freilich ist auch da noch ein „Gesamtstaat", aber einer, der sich bei seinen Äußerungen nicht mehr darauf stützen kann, daß er die Sache der Länder mitvertrete oder daß die Länder teilhätten an der Machtäußerung des Gesamtstaates. Die Länder, indem sie ihre Rechte gegen den Gesamtstaat geltend machen, entziehen ihm die Möglichkeit, für sie, die Glieder, mitzuhandeln. Er, der Gesamtstaat, stellt eigene Rechte gegen die Rechte der Länder; er wird Gegner der Länder. Und damit (und insoweit) verändert sich sein Verhältnis zu den Ländern. Die Einheit, das „Ganze", kann nur noch aufrechterhalten werden, wenn man von dem Gesamtstaat, dem sich die Länder entzogen haben und der so gegen die Länder auftritt, den Gesamtstaat unterscheidet, innerhalb dessen sich diese Auseinandersetzung abspielt. Wenn die Länder um ihren Status im Bundesstaat kämpfen, wenden sie sich nicht gegen den Bundesstaat, dessen Teil sie sind, sondern gegen den Bund, dem sie nicht angehören; sie wenden sich, um es anschaulicher zu sagen, gegen die Zentralgewalt, die ihre gliedschaftlichen Rechte verkürzt, oder sie ringen mit ihr, der Zentralgewalt, um den inneren Ausgleich oder sie vereinigen sich mit ihr zu einem gemeinsamen Unternehmen. Das ist nicht derselbe Bund, der innerhalb seiner Kompetenzen für sie, die Länder, insofern sie Glieder des Bundesstaates sind, mitzuhandeln befugt ist. Um diesen Unterschied der Stellung des Bundes gegenüber den Ländern, je nachdem, ob er als Gesamtstaat, der die Länder einbegreift, innerhalb seiner Kompetenzen handelt, oder nach innen gewendet gegen die Länder als Glieder vorgeht, deutlich zu machen, unterscheidet man — und muß man um der Klarheit willen unterscheiden — von dem Gesamtstaat, dem Bundesstaat als „Ganzem", den Bund als Zentralstaat. Mir ist keine Äußerung eines Vertreters des Föderalismus bekannt, nach der diese Unterscheidung den Sinn hätte, daß getrennt und unabhängig von der Rechtsperson Bundesstaat eine selbständige Rechtsperson Zentralstaat zu denken sei, die zwischen jenen Bundesstaat und die Gliedstaaten träte, sozusagen ein dritter Staat, nach dessen Substrat, nach dessen besonderen Aufgaben, nach dessen Organen zu suchen wäre. Diese Deutung habe ich immer nur bei den Interpreten jener Unterscheidung gefunden. Dabei liegen die Parallelen so nahe: Um entscheiden zu können, ob ein Rechtsverhältnis dem Privatrecht, Verwaltungsrecht oder Verfassungsrecht angehört, prüft man, ob die Beteiligten als Private, Beamte, Politiker oder Verfassungsorgan gehandelt haben; um die haftende Körperschaft bestimmen zu können, untersucht man, ob der Landrat als Kreiskommunalbehörde oder als staatliches Organ gehandelt hat; das geschieht, ohne daß auch nur einen Augenblick die Identität des Handelnden in Zweifel gerät. So wenig die Unterscheidung zwischen dem Staat als Fiskus und dem Staat als Hoheitsträger etwas an der rechtlichen Einheit der Staatsperson ändert, so wenig wird der Bundesstaat verdoppelt, wenn man ihn einmal als die rechtliche Fixierung des Trägers von Kompetenzen und Aufgaben des Gesamtstaats und als Zurechnungszentrum für die hoheitlichen Äußerungen auffaßt, die seine Organe namens des Gesamtstaats, der die Länder einbegreift, abgeben, und das andere Mal in seiner Stellung als Gegenüber der Gliedstaaten — gleichsam mit seinem zweiten Gesicht — als Zentralstaat bezeichnet, mit dem die Länder als Glieder des Bundesstaates sich „kämpfend" auseinandersetzen, indem sie aus ihrer gliedschaftlichen Stellung im Bundesstaat heraus gegen den Bund diese ihre Stellung verteidigen oder mit dem Bund sich koordinieren oder ihre und des Bundes Interessen zu einem Ausgleich zu bringen sich bemühen. Das ist geradezu der Kern, das Innerste des lebendigen Bundesstaates! Es gilt zu erkennen, daß dieser Aspekt des Bund-Länder-Verhältnisses, diese stets wiederkehrende, kontinuierliche, insofern notwendige Auseinandersetzung zwischen Bund und Ländern, zwischen Zentralstaat und Gliedstaat nicht nur nicht unterdrückt, sondern auch rechtlich in seiner Besonderheit zum Ausdruck gebracht und faßbar gemacht werden muß.

In diesem Bereich — und da wiederhole ich nur, was ich in Mainz gesagt habe — ist die Stellung des Bundes gegenüber den Ländern nicht die des Befehlenden, des Übergeordneten, des rechtlich Überlegenen, des einseitig Bestimmenden; in diesem Bereich stehen sich beide „Teile" des Ganzen gleichgeordnet gegenüber. In diesem Bereich bezeichnen Bund und Länder rechtliche Größen, die durch die bundesstaatliche Verfassung zusammengebunden sind, die umgriffen oder überwölbt sind durch den als Gesamtstaat verstandenen Bundesstaat. In diesem Bereich sind Bund und Länder Größen, die je in gleicher Weise auf das Ganze, den Bundesstaat, hingeordnet sind und sich gegenseitig um dieses Größeren willen „Treue" schulden. Daran hat sich auch nichts geändert durch das Urteil des Bundesverfassungsgerichts vom 11. Juli 1961. In ihm wird vom „Oberstaat", dem die Länder ausgeliefert sind, indem sie reines Objekt des Neugliederungsvorganges nach Art. 29 Abs. 1—5 GG sind, nur für den Anwendungsbereich des Art. 29 GG gesprochen; und auch das war — für diesen eindeutig und eng begrenzten Bereich! — nur möglich in Anbetracht der vom Bundesverfassungsgericht für richtig gehaltenen Auslegung jener Vorschrift.

So nur wird dieses Internum des Bundesstaates einer verfassungsgerichtlichen Auseinandersetzung zugänglich. So erst wird der Sinn der Bundestreue, wie sie das Bundesverfassungsgericht entwickelt hat, in ihrer Funktion zu binden und einen Zwang zur Einigung herbeizuführen, verständlich. Daraus ergibt sich schließlich, daß es nicht zufällig ist, daß die Bundesregierung (und nicht irgendein anderes Verfassungsorgan des Gesamtstaats) für den Bund den Ländern als Gliedern des Bundesstaats gegenüber handelt. Bundespräsident und Bundesverfassungsgericht — beides Verfassungsorgane des Gesamtstaats — stehen außerhalb des Streites Bund — Länder aus dem Innenverhältnis des Bundesstaates; sie sind vorzüglich Verfassungsorgane des Bundesstaates, der die Länder einbegreift; sie handeln nicht, wo der Bundesstaat als Zentralstaat gegen die Länder als Glieder des Bundes steht. Beide Verfassungsorgane stehen über diesem Gegensatz. Das Bundesverfassungsgericht insbesondere ist recht eigentlich Verfassungsorgan des Bundesstaates als Ganzem, vor dem als dem unabhängigen Dritten Zentralstaat und Gliedstaaten ihr Recht suchen.

Übrigens gibt es, wie ich abschließend zu den Schwierigkeiten einer zutreffenden Erfassung des Bund-Länder-Verhältnisses im Bundesstaat nur kurz bemerken möchte, auch ein — meist übersehenes — Beispiel dafür, daß nicht nur der Bund, sondern auch die Länder in „doppelter Eigenschaft" im Bundesstaat erscheinen können. Sie handeln regelmäßig nur „für sich"; sie können aber ausnahmsweise unmittelbar aus der bundesstaatlichen Ordnung heraus auch einmal befugt sein, zugleich für den Bund, den Gesamtstaat, zu handeln: Wenn die Bundesrepublik Deutschland einen völkerrechtlichen Vertrag eingeht, der nach der innerdeutschen Kompetenzverteilung nur von den Ländern erfüllt werden kann, dann handeln die Länder, indem sie das nach dem Vertrag Gebotene vollziehen, für die Bundesrepublik. Die Verfassungsorgane des Landes sind hier nach außen die zuständigen Organe der völkerrechtlich verpflichteten Bundesrepublik Deutschland. Ein ähnliches Problem entsteht, wie mir scheint, wenn einmal das Staatsangehörigkeitsrecht bei uns geregelt werden wird: Die Landesstaatsangehörigkeit kann im Bundesstaat weder eliminiert noch ausschließlich einseitig an den Besitz der Bundesstaatsangehörigkeit geknüpft werden; mit anderen Worten, die Verleihung der Landesstaatsangehörigkeit durch das Land kann nicht ausgeschlossen werden. Dieser Akt muß im Bundesstaat notwendig zum Erwerb der Bundesstaatsangehörigkeit führen. Das heißt aber, nicht erst durch Bundesgesetz und nach dem Grundsatz, daß Bundesgesetze von den Ländern vollzogen werden, sondern u r s p r ü n g l i c h — heute schon (wenn die Länder ein Landesstaatsangehörigkeitsgesetz hätten)! — ist das zuständige Verfassungsorgan des Landes bei der Verleihung der Landesstaatsangehörigkeit zuständig, für den Gesamtstaat die Bundesstaatsangehörigkeit mitzubegründen.

V.

Wenn nun genauer von der konkreten Gestalt unseres Bundesstaates die Rede sein soll, dann muß zunächst einer verfassungsrechtlichen Institution gedacht werden, die regelmäßig zu kurz kommt, wenn man das verfassungsrechtliche Bild dieses Bundesstaats nachzeichnet: des B u n d e s r a t e s. Von ihm wird meist nur gesagt — und das ist natürlich zutreffend, aber nicht alles, was zu sagen wäre! —, er sei ein Verfassungsorgan des Bundes, und zwar eine der gesetzgebenden Körperschaften des Bundes; was sein Gewicht anlange, sei er nach seinen Kompetenzen bei der Gesetzgebung erheblich schwächer als der Bundestag.

In dieser Charakterisierung gerät der Bundesrat einseitig in das Kapitel „Gesamtstaat"; er figuriert dort als eine die Organisation des Gesamtstaats komplizierende Einrichtung des Bundes. Sein Bezug zu den Ländern wird auf diese Weise verdeckt. Das wird seiner Bedeutung nicht gerecht. Das in einer Betrachtung unseres bundesstaatlichen Verhältnisses Entscheidende ist, daß in ihm die Länder, die Gliedstaaten, auf die Bildung des Bundeswillens Einfluß nehmen. Wichtig ist nicht so sehr, daß seine Beschlüsse Ausfluß der Bundesstaatsgewalt sind und dem Bund zuzurechnen sind; entscheidend ist vielmehr, daß dieses Bundesorgan die Funktion hat, den politischen Willen der Gliedstaaten im Bund wirksam zu machen. Er wird beschickt von den Vertretern der Regierungen der Länder, seine Beschlüsse werden vorbereitet von den Zentralbehörden, von der Ministerialbürokratie der Länder. Sie beteiligen sich also dort aktiv an der Bundespolitik. Der Bundesrat ist die verfassungsrechtliche Institution, in der die Gliedstaaten durch ihre Regierung aktiven und umfassenden Anteil an der Verantwortung für den Gesamtstaat haben. Hier widerlegt die Verfassung die Vorstellung, es gehe verfassungsrechtlich einseitig vom Bund ein Einwirken auf die Glieder aus. In Wahrheit gibt es auch die Gegenbewegung im Bundesstaat, die Einwirkung der Glieder auf den Gesamtstaat, eben — vor allem — im Bundesrat! Er ist der sichtbare Ausdruck, wie sich im Innenverhältnis dieses Bundesstaates das Verhältnis Bund — Länder nicht als einfache Über- und Unterordnung, sondern als prinzipielle Gleichordnung darstellt.

Es ist auch keineswegs richtig, daß der Bundesrat nur im Bereich der Bundesgesetzgebung eine bedeutsame, wenn auch in der politischen Diskussion gern bagatellisierte Rolle spielt. Er ist regelmäßig eingeschaltet beim Erlaß von Verordnungen und Verwaltungsvorschriften des Bundes, die den den Ländern obliegenden Vollzug der Bundesgesetze betreffen; er ist eingeschaltet gegenüber Aufsichtsmaßnahmen und Zwangsmaßnahmen gegen die Länder; er ist vor allem aber beteiligt an der Gesamtpolitik des Bundes. Art. 53 Satz 3 GG bestimmt ausdrücklich, daß der Bundesrat über die Geschäfte — über a l l e Geschäfte — der Bundes-

regierung auf dem Laufenden zu halten ist. Damit ist aber bei
einer die Funktion des Bundesrats berücksichtigenden Interpretation nicht nur eine verfassungsrechtliche Pflicht zur Unterrichtung
statuiert; der Sinn ist, daß den Mitgliedern des Bundesrats, eben
den Regierungen der Gliedstaaten, Gelegenheit gegeben werden
soll, Einfluß auf diese Geschäfte der Bundesregierung zu nehmen,
also den Bericht zu debattieren, Vorschläge zu machen, Bedenken
zu äußern, politischen Einfluß zu nehmen und mitzugestalten, was
die Bundesregierung in Erfüllung ihrer Kompetenzen und Verantwortungen zu tun beabsichtigt. In diesem Zusammenhang muß
auch gesehen werden das Bundesministerium für Angelegenheiten
des Bundesrats, muß gesehen werden die — leider nur ein Schat-
tendasein fristende — Vorschrift des § 31 der Geschäftsordnung der
Bundesregierung, und muß gesehen werden die schon im Parlamen-
tarischen Rat für selbstverständlich gehaltene und von Anfang an
praktizierte Bestellung von Landesbevollmächtigten bei der Bundesregierung. Alle diese Einrichtungen ergänzen, was der Sinn des Art.
53 Satz 3 GG ist: eine umfassende Unterrichtung der Gliedstaaten, einen dauernden politischen Kontakt mit den Ländern, eine
unablässige Einflußnahme des politischen Willens der Gliedstaaten auf die Politik der Bundesregierung bis hinein in die konkreten Entscheidungen. Was das bedeutet und wie wichtig das unter
außergewöhnlichen Verhältnissen werden kann, beweisen die
Institutionen des Bevollmächtigten der Bundesregierung in
Berlin und das Amt des Bevollmächtigten des Landes Berlin in
Bonn.

VI.

Zum Ganzen dieses Bildes des verfassungsrechtlichen Bund-
Länder-Verhältnisses gehört vor allem auch eine zutreffende Würdigung der dem Bund zur Bewahrung der verfassungsmäßigen Ordnung eingeräumten Institutionen und Machtmittel. Es genügt
nicht, einfach zu sagen, es gibt eine Bundesaufsicht, es gibt einen
Bundeszwang, es gibt eine Bundesexekution, es gibt eine Neu-
gliederung durch den Bund, es gibt eine Bundesgarantie der
verfassungsmäßigen Ordnung in den Ländern. Man muß sehen,
wie diese Institutionen ausgestaltet sind und wie sie funktionie-

ren. Erst dann kann man ihre Bedeutung in der Verfassungswirklichkeit einigermaßen abschätzen.

Solange man, was bisher im Verfassungsrecht allgemein angenommen worden ist, unter Aufsicht das Recht zur laufenden Beobachtung des Gesamtverhaltens des Beaufsichtigten einschließlich des dazu nötigen Sichinformierens versteht, um gestützt darauf abmahnen, rügen, bemängeln, kurz Einfluß auf das Verhalten des Beaufsichtigten nehmen zu können mit der Folge, daß der so Beaufsichtigte die Pflicht hat, den begründeten Beanstandungen und Aufsichtsäußerungen zu entsprechen, und dazu notfalls auch gezwungen werden kann, — ich sage, wer das, wie bisher, unter Aufsicht versteht, kann für die Bundesrepublik nicht behaupten, daß es eine umfassende Bundesaufsicht über die Länder gäbe. Die hat es im Bundesstaat von Weimar gegeben. Sie ist im Grundgesetz nicht enthalten. Das Grundgesetz kennt nur die sogenannte abhängige Bundesaufsicht, d. h. das Recht des Bundes sich in den Ländern darüber zu orientieren, wie diese die bestehenden Bundesgesetze verwaltungsmäßig ausführen und Mängel dieser gesetzesausführenden Verwaltung zu beanstanden. Ich will die Einzelheiten gewiß nicht darstellen; ich frage nur: wie funktioniert diese abhängige Bundesaufsicht? Sie endet an einem ganz bestimmten Punkt der Entwicklung, nämlich in dem Augenblick, in dem der Bund eine Konsequenz aus seiner Beobachtung zu ziehen entschlossen ist, im Bundesrat. D. h. aber, der politische Wille der Gliedstaaten, i h r e Auffassung darüber, ob ein Mangel im Land vorliegt oder nicht vorliegt, wird maßgeblich für die Frage, ob sich der Bund mit seiner Aufsicht durchsetzt. In der Verfassungswirklichkeit reicht also die Bundesaufsicht nicht sehr weit, ist sie nicht g e g e n die Länder wirksam zu machen. Dem entspricht auch die tatsächliche Praxis des Verfassungslebens, wenn man von den Fällen absieht, in denen das beaufsichtigte Land nur eines Hinweises bedurfte, um aus eigener Einsicht und Willensentschließung den in seiner Verwaltung beobachteten Mangel abzustellen, — genauso wie auch ein Land bei einer Bundesbehörde einmal einen Mangel feststellen kann und der Bund ihn, darauf aufmerksam gemacht, von sich aus abstellt.

Noch weniger effektiv ist in unserer Verfassung der Bundeszwang. Denn auch dessen Verfahren ist so ausgestaltet, daß es

nur mit Zustimmung des Bundesrats, d. h. aber hier — für jeden
der nicht nur formal denkt — nur mit dem politischen Willen
der Gliedstaaten, nicht gegen ihre Entschließung praktiziert werden kann. Und genau Entsprechendes gilt für konkrete Maßnahmen zur Verwirklichung und Durchsetzung der sogenannten Bundesgarantie des Art. 28 Abs. 3 GG.

Effektiv im Sinne des Z w a n g s zur Respektierung der bundesstaatlichen Verfassung auch gegen die Auffassung der Gliedstaaten, ist nach unserer Verfassung nur der Rechtszwang, der ver-
wirklicht wird durch das Bundesverfassungsgericht. Dieses Zwangs-
mittel des Rechts schwebt aber ebenso über dem Bund wie über
den Gliedstaaten. Im verfassungsgerichtlichen Prozeß, der als ein-
ziges Mittel unabhängig von den Gliedstaaten durch den Bund
als Instrument zur Bewahrung der verfassungsmäßigen Ordnung
gegen die Länder benutzt werden kann, wird schon im Auftreten
von Bund und Ländern als gleichberechtigten Parteien des Pro-
zesses sichtbar, daß sie beide, wo immer es um dieses
Internum „Bund-Länder-Verhältnis" im Bundesstaat geht, Bund
und Gliedstaaten gleichgeordnet sind. Er, der Verfassungsprozeß,
steht übrigens nicht nur dem Bund gegen die Länder, sondern
auch den Gliedstaaten gegen den Bund zur Verfügung. Alle Kon-
flikte, in denen der Bund die Länder als Gliedstaaten zur Ordnung
zu rufen und bei ihnen die Bewahrung der bundesstaatlichen
Verfassung durchzusetzen sich bemühte, sind denn auch in der Vergangenheit im Verfassungsprozeß vor dem Bundesverfassungsgericht ausgetragen und erledigt worden.

In diese umfassende Zusammenschau all dessen, was dem Bund,
sobald er sich gegen die Glieder wenden will, an Institutionen
zur Verfügung steht und wirksam oder nicht wirksam eingesetzt
werden kann, fügt sich dann auch die von mir in Mainz hervor-
gehobene besondere, zentrale Bedeutung des verfassungsrechtlichen Prinzips der Bundestreue ein, die — ich will die Einzelheiten
hier nicht wiederholen — wechselseitig dem Bund den Gliedstaaten
gegenüber und diesen dem Bund gegenüber obliegt.

Ich weiß nicht, wie man, wenn man das alles überdenkt, noch
in Frage stellen kann, daß unser Bundesstaat, soweit es um das
Innenverhältnis Bund—Länder, um die Auseinandersetzung zwischen dem als Zentralstaat bezeichneten Gesamtstaat und den

Gliedern dieses Gesamtstaats geht, prinzipiell von der Gleichordnung von Bund und Ländern ausgeht, daß die Klammer zwischen
Bund und Ländern nicht in einer rechtlichen Überlegenheit des
Bundes über die Länder besteht, sondern in dem beide gleicherweise rechtlich verpflichtenden und zusammenbindenden Prinzip
der Bundestreue.

Hier bedarf es noch einmal eines Hinweises auf die besondere
und eigentümliche, sozusagen einmalige Stellung des Bundesverfassungsgerichts, wenn es Verfassungsstreitigkeiten zwischen Bund
und Ländern um ihre gliedschaftliche Stellung entscheidet: So wenig der Ort des Bundesrats in unserer Verfassungsordnung dadurch hinreichend bestimmt wird, daß man ihn als Bundesverfassungsorgan bezeichnet, so wenig genügt es, das Bundesverfassungsgericht einfach als Bundesverfassungsorgan zu bezeichnen,
um die Überlegenheit des Bundes über die Länder darzutun und
die Vorstellung von der Gleichordnung von Bund und Ländern
in den Fällen ihrer internen Auseinandersetzungen ad absurdum
zu führen. Das mag einen Anfänger des Verfassungsrechts beeindrucken. Bei genauerem Zusehen ergibt sich, daß unbeschadet der
Eigenschaft als Bundesverfassungsorgan die Stellung des Bundesverfassungsgerichts je verschieden ist nach den Streitigkeiten, die
es entscheidet: Gewiß ist es Bundesverfassungsorgan, wenn es
auf Verfassungsbeschwerde des Bürgers entscheidet, der dem Staat
entgegentritt, und wenn es über Meinungsverschiedenheiten zwischen Bundestag und Bundesregierung entscheidet; aber zur Fixierung der spezifischen Stellung des Gerichts im ersten Falle muß
darauf abgehoben werden, daß es sich mit dem Bundesstaat ebensowenig identifiziert wie das Verwaltungsgericht mit dem Staat,
wenn es über eine Anfechtungsklage entscheidet; und im zweiten
Fall ist es nötig, davon zu sprechen, daß es von mehreren Verfassungsorganen das e i n z i g e ist, das in diesem In-sich-Prozeß
für die andern rechtlich verbindlich feststellen kann, was sie dürfen und was sie nicht dürfen; oder: im Normenkontrollverfahren
wird die Stellung des Bundesverfassungsgerichts erst sichtbar, wenn
man heraushebt, daß es überhaupt an einem Prozeßrechtsverhältnis im hergebrachten Sinne fehlt, daß hier das Bundesverfassungsgericht einfach dazu bestellt ist, die Rechtsordnung von Vorschriften zu befreien, die zu Unrecht den Anschein erwecken, verbindliches Recht zu sein. Auch für die besondere Funktion des

Bundesverfassungsgerichts im Bund-Länder-Streit, der um die gliedschaftliche Stellung eines Landes geht, ist aus der Eigenschaft des Bundesverfassungsgerichts als Bundesverfassungsorgan nichts zu gewinnen. Vielmehr ist hier entscheidend, daß es gerade nicht auf der Seite des Bundes steht, wie es die Bundesregierung tut, wenn sie vor diesem Gericht gegen das Land auftritt, daß es vielmehr außerhalb und über diesem Streit steht. Es ist eben — neben dem Bundespräsidenten — das Bundesverfassungsorgan, das ausschließlich den Gesamtstaat repräsentiert, der die Länder mit umfaßt, jenen Gesamtstaat, der sich in sich auseinandersetzt, sobald er als Zentralstaat den Gliedstaaten gegenübertritt, um diesen internen Gegensatz im Bundesstaat vor dem Bundesverfassungsgericht zum Austrag bringen zu können.

VII.

Zum Verständnis der föderalistischen Ordnung unseres Grundgesetzes, muß man nun noch eine weitere Gruppe von Entscheidungen dieser Verfassung heranziehen: die der Verteilung der Aufgaben auf den Bund, den Gesamtstaat, und auf die Länder, sowie das dabei vom Grundgesetz beobachtete Prinzip. Zunächst das Prinzip dieser Verteilung: Es ist durchaus föderalistisch gedacht, wenn nach unserem Grundgesetz die Vermutung für die Zuständigkeit der Länder streitet; den Ländern obliegen alle Aufgaben des Staates — und dazu gehören alle Aufgaben, ob sie erfüllt werden mit Hilfe öffentlichen oder mit Hilfe privaten Rechts, wie das Bundesverfassungsgericht klargestellt hat —, es sei denn, daß sie dem Bund im Grundgesetz zugewiesen worden sind oder nach einer grundgesetzlichen Vorschrift zugewiesen werden können oder der Natur der Sache nach zustehen. Das gilt durchgängig für Gesetzgebung, Verwaltung und Justiz.

Im Bereich der Gesetzgebung liegt der Schwerpunkt eindeutig beim Gesamtstaat. Das weist der umfangreiche Katalog der ausschließlichen Gesetzgebung und der noch umfangreichere Katalog der konkurrierenden Gesetzgebung des Bundes aus, zumal wenn man hinzunimmt, daß durch die Übernahme des alten Reichsrechts als Bundesrecht den Ländern im Bereich der konkurrierenden Zuständigkeit des Bundes kaum noch Raum zur Gesetzgebung bleibt, und daß sich hier der Vorbehalt des Art. 72 Abs. 2 GG zugunsten der Länder in der Praxis überhaupt nicht auswirkt. Die Gesetzgebungszuständigkeit der Länder beschränkt sich im wesentlichen auf die Landesorganisationsgesetze, auf das Gemeinde- und Körperschaftsrecht, auf den Bereich der Polizei, des Beamtenrechts, der Kulturpflege und des Schulrechts.

Im Bereich der Verwaltung sieht das Bild ausgewogener aus; sieht man von den Sondergebieten des auswärtigen Dienstes, der Verteidigung und der großen Verkehrseinrichtungen, insbesondere Bahn und Post ab, so liegt die allgemeine Verwaltung, insbesondere auch der Vollzug der Bundesgesetze in der Regel bei den Ländern, zu einem ganz erheblichen Teil auch im Bereich der Finanzverwaltung. Allerdings muß man einschränkend hinzufügen, diese Verwaltung ist einmal durch die Ausführlichkeit der zu vollziehenden Bundesgesetze und zum anderen durch Bundesverwaltungsvorschriften stark beschränkt und künftig noch stärker beschränkbar.

Im Bereich der Verwaltung bedarf das eben angedeutete einfache, auf den Verfassungsg r u n d s a t z abgehobene Schema einer wichtigen Ergänzung. In den jüngsten literarischen und politischen Auseinandersetzungen über den Bundesstaat und über das Bund-Länder-Verhältnis wird diese Ergänzung allerdings regelmäßig einseitig nur in einer Richtung angebracht: Man weist auf die wachsende Zahl der Vereinbarungen der Länder hin und erblickt darin eine Entwicklung, die mindestens verfassungspolitisch unerwünscht sei, die aber auch verfassungsrechtlich bedenklich sei, weil sie zu einer bundeseinheitlichen Verwaltung der Ländergesamtheit führe, die das Grundgesetz nicht kenne.

Ich sage zunächst, diese Sicht ist einseitig. Wer so kritisch auf die Länder blickt, muß, wenn er objektiv die Dinge betrachtet, nach demselben Maßstab auch das Verhalten des Bundes messen. Dabei lasse ich Entwicklungen zu Machtkonzentrationen, die sich allein im Verhältnis der Bundesorgane zueinander in den vergangenen zwölf Jahren abgezeichnet haben, völlig außer Betracht. Ich habe nur Entwicklungen im Auge, die vom Bund her das Bund-Länder-Verhältnis zu Lasten der Länder beeinflußt haben: Es ist beispielsweise ein offenes Geheimnis, daß die Bundespolitik in der Vergangenheit versucht hat, Einfluß auf die Regierungsbildung in den Ländern zu nehmen. Man nimmt auch wenig Anstoß daran, daß der Bund über den Kopf der Länder hinweg in beträchtlichem Ausmaß aus Bundesmitteln ganz konkrete — sicher förderungswürdige! — Projekte in den Ländern und Gemeinden subventioniert oder in anderen Fällen die Hergabe von Bundesmitteln an die Bedingung knüpft, daß die Länder aus ihren Haushaltsmitteln denselben Betrag zur Verfügung stellen, — beides mit dem Ergebnis, daß die Verwaltungsfreiheit und die Verwaltungsinitiative der Länder erheblich eingeschränkt wird. Man hält Pläne für unbedenklich, das herkömmliche Verhältnis der Kommunen zum Land — ein grundsätzlich im L a n d e s verfassungsrecht wurzelndes Verhältnis! — durch Bundesgesetz zu lockern und im Bereich des Kommunalverfassungsrechts sowohl die Freiheit des Landesgesetzgebers als auch die Finanz- und Steuerhoheit des Landes zu beschränken. Die Zahl der Bundesgesetze, die auch das Verwaltungs v e r f a h r e n regeln oder wenigstens wichtige Vorschriften darüber enthalten — also die Landesverwaltung betreffen! — wächst zusehends. Nicht minder stattlich ist die Zahl der oberen Bundesbehörden geworden. Alle diese Entwicklungen haben zu einer Mehrung des Einflusses und der Gewalt des Bundes und zu einer entsprechenden Einbuße auf der Seite der Länder geführt. Und die fortschreitende Integration der Bundesrepublik in die europäischen Gemeinschaften verstärkt diesen Prozeß.

Aber lassen wir das. Es ging mir nur darum, zu zeigen, daß es in unserem Bundesstaat mehr als nur die e i n e Entwicklung gibt, die in der Initiative der Länder zur Koordinierung ihrer Aufgaben sichtbar wird. An dieser Zusammenarbeit der Länder kann ich grundsätzlich nichts verfassungsrechtlich Bedenkliches finden. Ländervereinbarungen haben ihre lange Tradition im deutschen Verfassungsleben. Daß sie heute zahlreicher sind als früher — Hans Schneider hat 1961 eine Liste von 340 solcher Vereinbarungen der verschiedensten Art zusammengestellt — hat seine guten Gründe: Das Bedürfnis nach überregional einheitlicher Erledigung öffentlicher Aufgaben ist gewachsen; die größere Mobilität der Bevölkerung von Land zu Land und ihre Empfindlichkeit gegenüber Willkür, — will hier sagen: gegenüber allen von der Sache her nicht einleuchtenden Verschiedenheiten innerhalb vergleichbarer Situationen in den verschiedenen Ländern — fördern den Zug zur Vereinbarung. In ihnen offenbart sich schließlich die Aufgeschlos-

senheit der Länder in Richtung auf ein heute notwendiges weit-
räumigeres Denken und Planen über die Grenzen eines Landes
hinaus.

Sieht man von der nicht geringen Zahl von Vereinbarungen ab,
die einen konkreten Einzelfall betreffen und mit dieser Regelung
auch schon ihre Erledigung gefunden haben, so lassen sich drei
große Gruppen von Vereinbarungen unterscheiden: Vereinbarungen, die die Errichtung einzelner Einrichtungen zum Gegenstand
haben (z. B. die Errichtung eines gemeinsamen Gerichts, eines gemeinsamen Landesarbeitsamtes usw.), Vereinbarungen, die auf
eine Vereinfachung oder Vereinheitlichung von Verwaltungsver-
verfahren abzielen (z. B. einheitliche Dienstvorschriften für Ge-
richtsvollzieher oder vereinbarter Verzicht auf wechselseitige Er-
stattung von Gebühren und Kosten oder zahlreiche Vereinbarungen auf dem Gebiet des Schulwesens) und Vereinbarungen
über die gegenseitige Anerkennung von Verwaltungsakten
und über eine Zusammenarbeit in Fragen, die sich aus den nach-
barschaftlichen Beziehungen ergeben, insbesondere aus den gemeinsamen Aufgaben diesseits und jenseits der Landesgrenze.

Gegenstand der Vereinbarungen zwischen den Ländern sind
stets Aufgaben und Aufgabenbereiche, die nach der grundgesetzlichen Kompetenzverteilung den Ländern obliegen. Die Vereinbarungen sind also nicht nur Ausfluß der Landesstaatsgewalt, sondern betreffen auch samt und sonders Landesangelegenheiten.
Die Länder übertragen in diesen Fällen keine Kompetenzen, sie
einigen sich und binden sich nur hinsichtlich der Art der Ausübung
ihrer Kompetenzen. Dagegen ist von Grundgesetzes wegen nicht
das Geringste einzuwenden. Das gilt auch für diejenigen — vom
Bund besonders beargwöhnten — dauernden Einrichtungen, die der
laufenden Fühlungnahme oder der Zusammenarbeit der Verwal-
tungsspitzen der Länder in fachlichen Angelegenheiten dienen,
also für die Ministerpräsidenten-Konferenzen, für das Justizkolle-
gium der Landesjustizminister, für die Kultusminister-Konferenz
usw.

Es kann keine Rede davon sein, daß es sich hierbei um einen
„Zusammenschluß der Länder", also um die Etablierung eines
Staatenbundes innerhalb des Bundesstaates handelt. Noch weniger
ist es gerechtfertigt, in diesen gemeinsamen Einrichtungen der

Länder eine im Grundgesetz nicht vorgesehene Konkurrenz gegenüber dem Bundesrat zu erblicken; der Bundesrat ist für die dort traktierten Pläne der Länder gerade nicht kompetent. Und ebensowenig ist das Bedenken gerechtfertigt, hier entstehe über den Ländern und schiebe sich zwischen Bund und Länder eine „neue Gewalt" einer Ländergemeinschaft. Jene Einrichtungen sind als Geschöpfe der Länder ihre Instrumente, also ihrer Staatsgewalt gerade unterworfen.

Erst wenn die Länder dazu übergingen, sich selbst q u a L ä n - d e r für bestimmte Staatszwecke zu einem ö f f e n t l i c h - rechtlichen Verband mit Rechtspersönlichkeit zusammenzuschließen, also nicht bloß sich der von einem Land nach dessen Recht errichteten Körperschaft als Gemeinschaftseinrichtung zu bedienen, wenn sie demnach einen neuen Rechtsträger schüfen, der in Erfüllung seiner Zwecke Verbandshoheit ausübt, die in den zur gesamten Hand vereinigten Gliedstaatshoheiten wurzelt, erst dann müßten grundsätzlich verfassungsrechtliche Bedenken erhoben werden. Und selbst da gibt es, wie mir scheint, eine Ausnahme: Wenn nämlich die öffentliche Aufgabe nach dem Grundgesetz weder vom Bund noch von den Ländern unmittelbar in Ausübung staatlicher Gewalt erfüllt werden kann, also dem beherrschenden und dirigierenden Zugriff jeder staatlichen Gewalt entzogen ist und um der guten Ordnung willen nicht einfach den interessierten gesellschaftlichen Gruppen und Einzelnen überlassen werden kann — beispielsweise Rundfunk, Fernsehen — ist es denkbar, daß solche öffentlich-rechtliche Rechtspersonen, die Schöpfungen der vereinigten Landesstaatsgewalten sind, die einzig möglichen Träger jener Aufgabe werden. Das Gegenstück auf Bundesebene bildet beispielsweise die sogenannte Preußenstiftung oder die Deutschlandrundfunk-Anstalt.

Auch das rechtspolitische Bedenken, alle diese Erscheinungen einer vielfachen Zusammenarbeit der Länder beweise, daß die grundgesetzliche Kompetenzverteilung zwischen Bund und Ländern den gegenwärtigen Bedürfnissen in unserem Bundesstaat nicht gerecht werde, daß hier gemäß dem für den Bereich der konkurrierenden Gesetzgebung aufgestellten Grundsatz in Art. 72 Abs. 2 GG der Bund zuständig sein sollte, scheint mir nicht gerechtfertigt zu sein. So kann nur derjenige argumentieren, dem das Ver-

ständnis dafür abgeht, wie entscheidend wichtig es im Bundesstaat ist, ob die Glieder tätigen Anteil haben und Mitverantwor-
tung tragen an dem, was über ihren Landesbereich hinaus an gemeinsamen Bedürfnissen und in Rücksicht auf das gemeinsame
Ganze Beachtung und Pflege verlangt, oder ob das der Bund erledigt oder bestenfalls den Ländern auferlegt, verbindlich macht
und befiehlt. Jenen Schluß auf die Notwendigkeit einer Änderung
der grundgesetzlichen Kompetenzverteilung kann auch nur ziehen, wer den Vorteil übersieht, daß die Länder den Dingen, die
sie da in Vereinbarungen gemeinsam regeln und erledigen, näher
stehen als der Bund und sie deshalb selbst im Zweifel sachgerechter
bewältigen werden, als es der Bund tun könnte. Das hat nicht
das Geringste mit Romantik zu tun, sondern ist ganz nüchtern
eine Überlegung zur Ökonomie der Verwaltung.

Wo immer die zentrale Gewalt des Bundes zur Erledigung einer
Aufgabe wirklich nötig war, weil sie über die Kraft der Länder
auch bei einer sinnvollen Koordinierung ihrer Macht hinausging,
haben die Länder sich in der Vergangenheit niemals geweigert,
einer Änderung des Grundgesetzes zuzustimmen, so beispielsweise
im Bereich des Wehrwesens, des Auswärtigen oder des Lasten-
ausgleichs. Das wird auch in Zukunft — beispielsweise bei der
Regelung des sogenannten Notstandsrechts — nicht anders sein.

VIII.

Erlauben Sie mir, mit ein paar rechtspolitischen Gedanken zu
schließen:

Nach den Erfahrungen der vergangenen elf Jahre darf man
sagen, unser Föderalismus hat sich, sowohl als Prinzip, als auch
in seiner konkreten Ausgestaltung, im ganzen bewährt. Ich meine
damit, es hat keine politische Situation gegeben, zu deren Bewäl-
tigung unsere bundesstaatliche Verfassung sich als unzureichend
erwiesen hätte, keine Situation, der diese föderalistische Ordnung
nicht gewachsen gewesen wäre. Es sind bisher auch keine Schwächen, die ihren Grund in der Struktur dieser Ordnung hätten,
sichtbar geworden, so daß zu befürchten wäre, dieser Bundesstaat
könnte die Bewährungsprobe bei einer künftigen größeren Be-
lastung nicht bestehen.

Mir scheint, als Beweis für ein Ungenügen unserer grundgesetzlichen Ordnung können auch nicht angeführt werden die Ver-
säumnisse, Fehlschläge und Schwierigkeiten auf dem Gebiet des
Rundfunks und des Fernsehens, die in den letzten Jahren eine
empfindliche Lücke in der Abwehr der kommunistischen Propa-
ganda aus dem unfreien Teil Deutschlands und einen beklagens-
werten Mangel an intensiver und eindrucksvoller Vertretung der
Aufgaben, Ziele, Bemühungen und Leistungen der Bundesrepublik Deutschland, des freien Deutschlands, nach innen und außen
haben offenbar werden lassen. Das hätte nicht so sein müssen,
wenn sich alle Verantwortlichen, wenn sich insbesondere Bund
und Länder rechtzeitig der im Grundgesetz gebotenen rechtlichen
Möglichkeiten bedient und zusammengewirkt hätten; selbst mit
den damals vorhandenen Einrichtungen hätte mehr und Besseres
in diesem Punkt geleistet werden können.

Ähnliches gilt für die Finanzverfassung der Bundesrepublik. Be-
vor hier der Ruf nach einer Änderung berechtigt ist, bedarf es des
Nachweises, daß die im Grundgesetz gegebenen Möglichkeiten,
dem Bund zu geben, was des Bundes ist, ausgeschöpft sind und
nicht ausreichen. Niemand, der Föderalist zuletzt, kann dem Gesamtstaat, dessen Glieder die Länder sind und mit dem sie auf
Gedeih und Verderb verbunden sind, die Mittel vorenthalten wol-
len, deren er zur Erfüllung seiner notwendigen Aufgaben bedarf.
Es läßt sich nicht bestreiten, daß diese Aufgaben, insbesondere auf
dem Gebiet des Verteidigungswesens, gewachsen sind, und daß der
damit verbundene höhere Bedarf an öffentlichen Mitteln gedeckt
werden muß. Wenn es richtig sein sollte — und es scheint richtig
zu sein —, daß die Länder gegenwärtig in ihren Haushalten über
relativ größere Mittel als der Bund verfügen können, dann liegt es
nahe, wie es der Bundesfinanzminister jüngst getan hat, zunächst
eine Entlastung des Bundeshaushaltes dadurch anzustreben, daß
die Länder auf ihre Haushalte Ausgaben übernehmen, die bisher
der Bund für Zwecke geleistet hat, die eigentlich oder in erster
Linie Sache der Länder sind. Läßt sich auf diesem Weg der Ausgleich nicht herstellen, dann mag überlegt werden, ob gemäß Art.
106 Abs. 4 GG der Verteilungsschlüssel für die Einkommen- und
Körperschaftssteuer zwischen Bund und Ländern geändert oder
eine Steuer, die dem Bund zufließt, erhöht werden soll. Es ist
also einfach nicht richtig, daß unsere Finanzverfassung den Be-

dürfnissen in unserem Bundesstaat nicht mehr genügt. Richtig ist nur, daß sie, verglichen mit dem System einer einheitlichen Finanzverwaltung, komplizierter und schwieriger zu handhaben ist. Nun, die einheitliche Finanzverwaltung, von der da die Rede ist, könnte praktisch nur eine einheitliche B u n d e s finanzverwaltung sein. Und das bedeutet: Sie läßt sich nicht verwirklichen, weil die dazu nötige Verfassungsänderung mit Sicherheit — und, wie ich meine, um eines ausgewogenen Föderalismus willen mit gutem Grund — am Widerstand der Länder scheitern würde.

Man darf, um dieser Würdigung zustimmen zu können, allerdings eine Erfahrung nicht außer Betracht lassen, die manche verschweigen oder nicht wahr haben möchten: Es gibt bisher nicht den geringsten Anhalt dafür, daß die Güte einer Leistung oder die Richtigkeit einer Maßnahme davon abhängen könnte, ob sie von einer Verwaltung, einer Einrichtung, einem Bediensteten des Bundes statt von einer Verwaltung, einer Einrichtung, einem Bediensteten des Landes erbracht wird. Föderalisten lassen sich durch niemand, der in der Bundesbürokratie wirkt oder in den Verfassungsorganen des Bundes politisch tätig ist, an Verantwortung für diesen Bundesstaat übertreffen. Das gilt auch dann, wenn zu konkreten politischen Fragen ihre, der Föderalisten, Überzeugung, ihre politische Vorstellung, ihre politische Entscheidung in der Sache abweicht von der Meinung derer, die in Bonn die Verantwortung tragen. Das wenigstens sollte man begreifen, selbst wenn man den Föderalismus als politische Lebensform ablehnt.

Weniger zufrieden kann man sein, wenn man die Stärke des Föderalismus nach dem Ernst, mit dem er bei uns gepflegt wird, und nach dem Nachdruck, mit dem er insbesondere von den Ländern geübt und verteidigt wird, mißt. Ich kann nur wiederholen: Wenn die Länder den Föderalismus nicht prinzipiell verteidigen, sondern sich seiner nur bedienen, falls es ihnen in ihre landespolitischen und landesegoistischen oder parteipolitischen Pläne und Ziele paßt, dann ist unvermeidlich, daß der Föderalismus in Mißkredit gerät.

Auch die Prognose für die Zukunft des Föderalismus in unserem Staat ist, glaube ich, nicht sonderlich günstig. Abgesehen von den eben schon angedeuteten Schwächen, der Zug zum Unitarischen, zur Konzentration, zur Nivellierung, zur Großaufgabe und zum

Großraum ist in der modernen Gesellschaft unverkennbar stark. Rationalität und Technik sind heute die vorherrschenden Züge einer Ordnung, die man für befriedigend hält. Da fehlt natürlich der Blick für den Wert des Gewachsenen, für den Wert einer überschaubaren Einheit, für den Wert der natürlichen Vielfalt, für das nicht erst organisierte Eigenständige und Eigenverantwortliche innerhalb der Gesellschaft. Den Technokraten, die es auch im Verfassungsleben gibt, sind Länder nur noch anachronistische Planungsgrößen; an ihre Stelle, so meinen sie, sollten möglichst leistungsfähige, unter dem Gesichtspunkt einer rationellen, einfachen, von oben nach unten durchgreifenden Sachverwaltung leistungsfähige Provinzen, Departements geschaffen werden. Dieser Zug zum Unitarischen wird außerdem verstärkt durch die unabhängig von den Ländern und über die Länder hinweg einheitlich organisierten großen Interessenverbände, die im modernen politischen Leben eine außerordentlich große Bedeutung haben, und nicht zuletzt durch das Gewicht der zentralen Organisationen der politischen Parteien. Machen wir uns nichts vor, auch eine föderalistische Partei ist davon nicht frei!

Unter diesen Verhältnissen muß eine Apologie des Föderalismus für die politische Auseinandersetzung unergiebig bleiben. Um so leichter fällt mir der Verzicht, den Föderalismus sozial-ethisch oder sozialphilosophisch zu fundieren, also beispielsweise vom Subsidiaritätsprinzip und vom Solidaritätsprinzip zu sprechen. Natürlich stellt sich aber unter den angedeuteten Umständen die Frage, was ist denn h e u t e noch d i e Funktion, die b e s o n d e r e Bedeutung des Föderalismus. Mir scheint, es sind vor allem zwei, auch für den modernen Verwaltungs- und Verfassungstechniker einleuchtende Überlegungen, unter denen der Föderalismus in der Gegenwart nötig und nützlich ist: Der föderalistische Staat hat eine Ordnung, innerhalb derer m e h r Raum ist für die eigene Verantwortung, für das Engagement der Bürger aus dem Gefühl der Zusammengehörigkeit in einer engeren Gemeinschaft. Das ist für die Demokratie von ganz entscheidender Bedeutung. Das andere ist: Sieht man von der Justiz ab, so ist die föderalistische Ordnung — beinahe — die einzige Form der Gewaltenteilung, die heute noch effektiv funktioniert. Unter diesem Gesichtspunkt ist sie einfach unentbehrlich.

Vielleicht sollte man im Lichte dieser rechtspolitischen Überlegungen auch einmal die Rechtsprechung des Bundesverfassungsgerichts zum Verfassungsgrundsatz des Föderalismus überden-
ken. Es könnte sein, daß dabei sichtbar wird, wie es da an einer besonders gefährdeten Stelle unserer bundesstaatlichen Ordnung
seine Aufgabe als Hüter der Verfassung wahrgenommen hat.